AF549877

Yevgeniy Breyger

Gestohlene Luft

Gedichte

KOOK

Noch fünf Tage

NOCH FÜNF TAGE

I

es war der mai, an dem das innere nach außen drängte.
ein grüner panzerkäfer rief mich namentlich,
ich kannte meinen namen nicht.
saß blöd im schlauchboot, trieb zu mutter.

das meer in meinem hemd blieb schwarz.
und ich? wie mutter längst
von faulheit überwachsen, hastig,
biss käferbeinchen ab beim wandern.

das schlauchboot war mein alter ego kleines mädchen,
mehr zahnlücke als zopf und magenblind.
schon damals immer noch ein kind war ich
und wusch aus bosheit bloß die andern.

II

vor fünfzehn jahren, im spiegel, sah ich
die kommenden verrisse. ein kiosk um die ecke
war für mich die welt. ich hatte mich
auf ein podest aus rotz gestellt und rief: du wurst

im glas. wie zärtlich pustest du dir wimpern von den fingerkuppen vorm schlafengehen, wenn du betest?
wie überzärtlich schwitzen deine hände als heimliches
exil deiner fiesesten wünsche?

im wiederscheine dieser schweren fragen
entdeckte mich die lyrik, wie jeden tag ein ding
entdeckt die amateure – ein tag kann lang sein,
ein arm kann schlank sein, aber wer gesteht mir seine liebe?

III

oh seltsames gerede vom verschwinden der vögel
in fremden ländern. teurer abfluss, armut, stausee
aus realen problemen. meine eltern waren thermische
gesetze, ich wurde niemals geboren.

an euch vorbei schwamm ich durch spätromantische
gedichte, karel hynek mácha 1810–1836, adam
mickiewicz 1798–1855, auch juliusz słowacki 1809–
1849, mein polnischer wurm im preußischen fisch.

ich hoffte damals, dass ein mensch mich
in die zukunft schiebt – das ist wie wenn ein alter mann
sich selbst im krankenzimmer liebt. grad war er da,
schon hab ich ihn an die erinnerung verloren.

IIIII

auf einem beistelltisch ein riesenauge,
wimpern, deine, o-saft-glas, halb leer.
und du auf unsrer couch mit kling,
hast mich verbraten. ein silbernasenring

war zwischen uns zu viel: was wahr ist, war.
was rast, verschiebt gemeinsamzeit auf bald.
ohne dich ist mir kalt. mir fällt auf, die heizung
riecht so lang bereits nach terpentin.

ich würde gern gehen und lege mich daneben.
draußen sirenen, kontaminiertes wasser,
ein freies elektron dringt in einen fisch.
was wird das für ein leben?

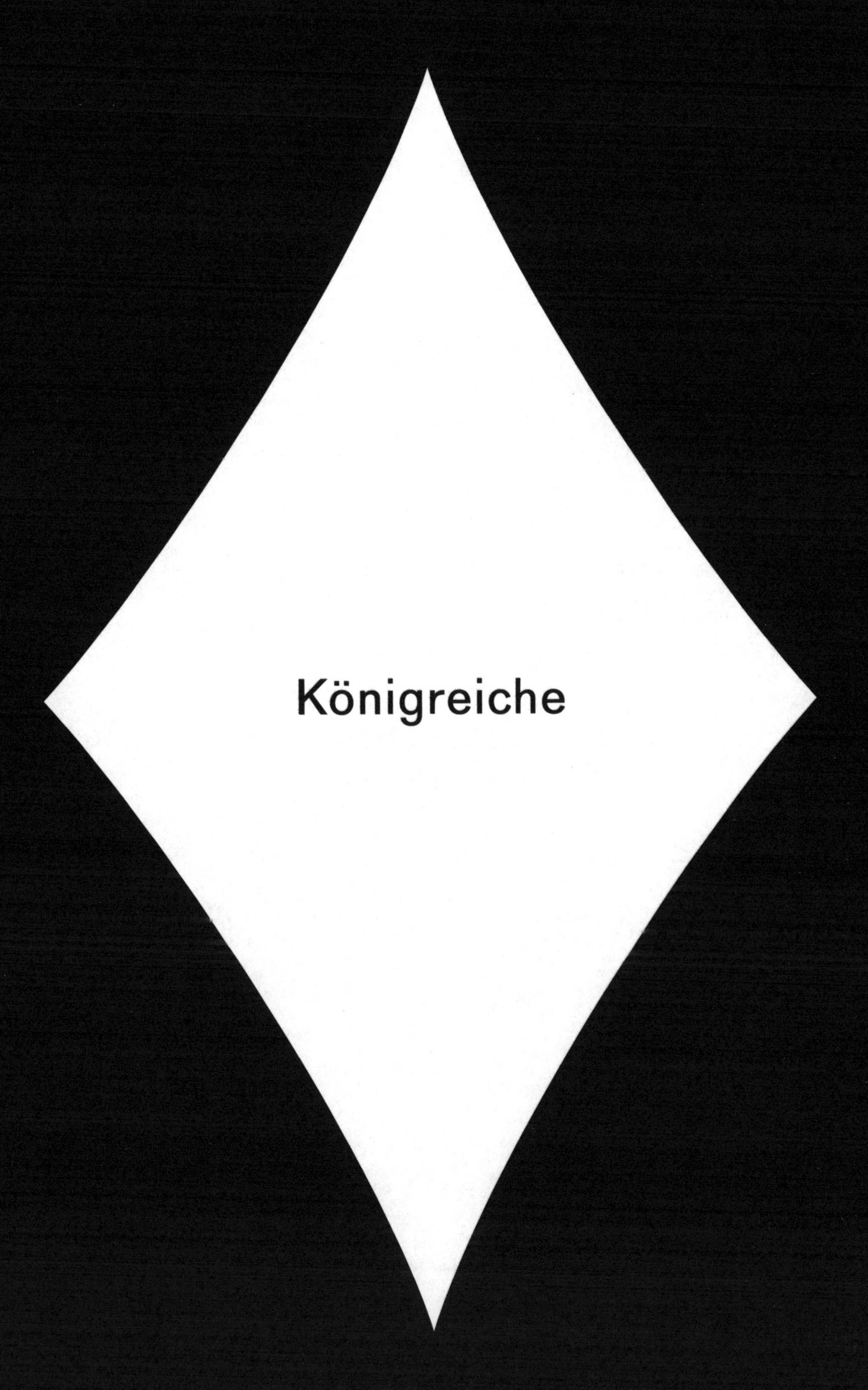
Königreiche

KÖNIGREICHE

KÖNIGREICH DES REGENS

In der Nacht, als das Dorf sich bewaffnet, erfährt sie
ihre Bestimmung, die großen Felsen zu beschießen.
Am Flusslauf warten sie wie Augen. Entschieden,
ruhig kriecht Stein über Stein – Von ihr weg?

Wieder eine falsche Richtung, gröber als Sand,
Pulver, das ihr nicht gehorcht. Diese trockene Ader,
kann ich sie fassen? Felder – Felder. Wälder – Getier.
Im Denken verschwimmt eine Erinnerung. Sie läuft

in den Wind. Durch die innere Welt, entschlossen zum Fels,
hört Schüsse. Geschichte schießt auf Geschichte,
Hunde erschießen sich, Dorf schießt auf Stadt, Tiere
schießen Pflanzen auf Mineralien. Flinten gleiten

durch Hände. Substanzen beschießen ein weiches
Gemisch aus Gummi und Erde – Vogelschwärme
existieren als solche Geschosse, denkt sie,
und verschwinden zwischen Himmel, zwischen

Boden, in einer Brust. Weder Ankommen noch
Verschwinden ist möglich, wenn du so stark liebst.
Tritt hinaus, selbst der Fels hat gelernt zu verzeihen.
Tritt über zu den Menschen, ihre Körper

halten sich am Leben, indem sie wie Knospen
aufgehen, wenn es warm wird. Jahrlang Frühling,
wohin soll ich gehn? Aufgeben sei dir Gewinn.
Vergiss, was du tust, folge einem Gesang.

KÖNIGREICH DER VERSCHLUCKTEN MUSCHEL

In der Nacht, als das Dorf sich bewaffnet, fegt Regen
übers Geäst und verrät sein Motiv – Verwandlung
von Bäumen in Schrift. Ihr trauriges Hemd,
das Schuppenhemd über der Haut, hält sie wach,

wenn sie schläft. Drüben im Tal brennt noch Licht,
bald sitzt sie zu Tisch. Bald nimmt sie das Messer,
bald schnitzt sie ein Zeichen hinein, das ihr hilft
zu vergessen. Am Fluss liegen Steine im Schilf.

In der Nacht, als sie schwanger wird, träumt sie
sich selbst vertauscht mit dem Kind. Sie trägt's
vor sich her wie ein Schloss, wenn es weint.
Als Kleid, ist es hungrig, als Schale, wenn sie allein ist.

Das Kind öffnet die Augen, sieht sich geboren,
sie legt eine Muschel hinein. Wie unterscheide ich
ein Mündel von einer Faust? Einen Nebel
von einem Mund, der im Begriff ist, Nebel

zu verschlucken? Die flache Ebene
des Körpers von einer baumlosen Steppe,
in der reglos ein Ungeborenes liegt?
Fäden, lebendig, spinnen ein Netz durch ihr

Herz. Drüben im Bauch brennt noch Licht,
bald schöpft eine Hand etwas Wasser ins Schälchen,
deutet ein Zeichen, bald hört man ein Klopfen,
öffnet die Türen im Dorf – War das ich?

KÖNIGREICH DER ADERN IM AHORNBLATT

Folgsam schwanken Bäume, duldsam zanken
Träume, sagt man im Dorf. Langsam neigt sich
der Abend, freundlich die Gesichter der Hunde.
Sie zündet ein Streichholz an, wirft's in die Pfütze.

Treibt man Tiere über die Straße, wird auch sie
von Wesen getrieben hinausgehen zu den Felsen,
sichert sie zu, ist allein. Am Tag, als das Dorf
sich bewaffnet, trabt ein Pferdchen müde

über ein Blumenwieslein. Sie findet das Pferdchen,
streichelt's, es schüttelt sich, die beiden lächeln sich zu.
Im Dorf werden Maischefässer bereitet fürs Fest,
in einem davon schläft ihr Kind. Daheim

vor dem Fenster sprießt eine Pflanze, gegossen
von Regen. Ich bin ein Geschoss, eine Wand,
eine Axt, ein Treibgut von Fröschen verfolgt,
ein zu spät begriffener Abschied, ein Handtuch,

ein Schnupftuch, ein Tierchen von vielen.
Man sieht mich an Türschwellen sitzen, taxiert mich,
noch bevor man mit Blicken begreift,
dass ich nackt bin. Pochen von innen.

Bäume schwanken im Wind, winken Gräsern zu.
Wieder das Pochen. Wirst du mich finden?
Wirst du dein Haus jemals verlassen?
Das Pferd richtet seinen Blick in die Steppe.

KÖNIGREICH DER ÜBERBRACHTEN NACHRICHT

Langsam sinkt die Truhe auf den Grund des Sees, mit
Perlmuttfiguren verziert – Auf der linken Seite schimmert
eine Göttin mit Menschenkörper und dem Kopf einer Katze,
grasende Pferde mit Hundeköpfen, ein Bauernjunge

beim Sensen von Klee in einem Feld im Profil, die Ansicht
des Feldes von unter und über der Erde, auf der rechten Seite
eine Fuchsfamilie, die einen Vogel reißt, eine Göttin mit
Schlangenkörper und dem Kopf eines Hundes, eine Göttin

mit Hundekörper und Adlerkopf, die im Fluss badet.
Auf der Vorderseite etwas verblichene Heublumen,
Ranunkeln, Kronen-Anemonen, mehrere verblichene
Mariendisteln, Hahnenfuß, getrocknete Wurzeln

einer Stechwinde, Schöllkraut, Arnika, echte Kamille,
Wermutkraut. Der Boden und die Rückseite der Truhe
sind unverziert. Auf dem Deckel schimmert eine
gehörnte Göttin mit Menschenkörper, Menschenkopf,

hochgezogenen Augenbrauen, Göttinnen mit menschlichen
Körpern und Pfirsich- und Pflaumenköpfen, Obstbäume,
die menschliche Köpfe als Früchte tragen, und umgekehrt,
im Querschnitt Gehirne eines Vogels und eines Fuchses,

getrocknetes Schleierkraut. Am Grund versinkt die Truhe
im Sand, umhüllt von Algen, Wasserschnecken. Kurz
ist es leise, dann unüberhörbar von drinnen – Klopfen.
Die abgetrennte Hand. Am kleinen Finger ein Siegelring.

KÖNIGREICH DER DONNERBÜCHSE

Kein Brot mehr im Haus. Demut macht eitel.
Sie schält in der Küche Gräten vom Fisch, singt
ein Grußwort ins Meer. Im Krieg spielen Knochen
die Rolle von Grüßen, wird ihr bewusst.

Wo Eitelkeit stockt – Erinnern, die Mutter plantschte
im Pool, wurde dann in ein Lager geführt. Was aßen sie
dort? Keine Tür mehr im Haus zum Hinausgehn,
drinnen Gestank nach dreckigem Wasser und Schrot,

am Fenster ein Vogel. Sie kennt sich nicht aus.
In der Nacht, als sie schwanger wird, hat sie von Neuem
das Pfeifen verlernt. Die großen Felsen werfen Geräusche
ins Tal bis zum Haus, wenn sie schläft, dabei wach ist

zugleich. Vergleichbar mit Knistern von trockenem Holz,
bevor es verglimmt und ins Leben zurückkehrt als Baum
oder Strauch. Was regt sich im Bauch? Sind Menschen
bestimmt, einander zu küssen? Küsse bestimmt,

vergessen zu werden inmitten von Salven, von Prisen
von Salz? Die Mutter war damals ein fröhliches Kind
und blieb's bis zum Tod, sie brachte ihr bei,
wie man schwimmt, pfiff zum Abschied ein Lied,

als sie auszog, die Felsen zu hüten. Bestimmung –
Folge der Mutter und gib ihr die Hand. Das Messer
ist stumpf, es kratzt an den Schuppen, verletzt
sie nicht, reißt sie nicht auf, Gott sei Dank.

KÖNIGREICH DES KLEINEN FISCHS

Der Tag wird von Scherben zu Abend getragen.
Trockene Erde zwischen den Zähnen erinnert ans Lösen
des Kalksteins von Klippen, erfasst von vergangenen Zeichen
der Hand eines Toten. Sie gräbt in Archiven nach Namen.

Wie Tropfen von Säure, unnütz auf Stein, wird schwebend
der Abend zu Nacht getragen. Die Toten sind nachts
nicht sie selbst. Also schläft sie. Also denkt sie im Schlaf
an die Adern in Blättern des Ahorns, durch die ohne Eile

das Leben entweicht in kleinen Portionen. Ans Schwanken
magerer Körper, an Strömungen, die plötzlich verschwinden
und Flüsse in Seen verwandeln, den Gestank, der sich bildet.
Die Nacht, wie sie ist, wird zu Morgen getragen.

KÖNIGREICH DER FRIST, DIE DICH FRISST

Das Haus ist beheizt, doch die Kälte sitzt unter der Luft.
Der Morgen bricht ein ohne Licht. Sie friert wie verrückt,
trägt alles am Körper, was sie besitzt. Als sie das bemerkt,
wird ihr heiß. Sie badete gestern im Fluss mit den Schnecken,

knackte die Schalen, sprach zärtlich im Schlaf auf sie ein.
Seit der Nacht, als die Mutter verschwand, knirschen
die Schalen zurück, trägt der Ton eine Botschaft, das Echo,
im Knirschen ihr zu, hält sie fest wie ein schöner Geruch.

Schöpf Wasser, solange es fließt. Ein hungriges Pferdchen
scharrt mit den Hufen, will heute bei dir übernachten.
Lass es herein. Seine Augen sind traurig, seine Augen sind
grau. Die Mähne ist weich wie die Haut einer Schneide.

Wer war das noch gleich? Ein Klopfen der winzigen Hand?
Nein. Wer war's? Ich will es nicht wissen.
Also hast du's gewusst. Befrage die Berge, sie werden's
dir nachsehn. Verzeih. Die Wirkung des Wassers setzt ein.

Die Rückseite der Truhe ist verziert mit einem Hunderudel,
das sich im Hals eines Pferdes festbeißt, einer Pferdeherde,
die ein Rudel Hunde tottrampelt, einer Göttin mit
Schwanenhals und Froschaugen, die in einer Wasserlache

badet, einer Göttin mit Fliegenaugen, Spinnenkörper und
Pferdehufen, die verliebt in den Himmel schaut, mehreren
aufblühenden und zugleich verdorrenden Stockrosen,
Sonnentau. Der Boden ein Loch – Ich weiß noch, wofür.

KÖNIGREICH DER VERWAISTEN BIENENSTÖCKE

Blau ist die Farbe der Hoffnung. Grün, die Empörung.
Eitelkeit – gelb, wie ein Morgen über den Bergen.
Wolken, verkleidet in Außenhaut Licht. Wind wird erzeugt
durch die Drehung des Erdballs und kreist um Paläste.

Gebet an die Furcht. Gebet an das Holz in den Möbeln,
die Spannung des Körpers bei einer reifen Bewegung,
die launische Gunst von Insekten – Sie beten im Winter.
Mit der Pünktlichkeit einer Krankheit kommt Frühling.

Honig quillt golden aus Waben, benetzt das Haar eines
Mädchens. Noch nie wurde etwas gepflanzt, das selbst
sein Wachstum bestimmte. Noch nie war die Erde so trocken,
das Glitzern von Honig so schön. Gebet an das Warten.

Sie blickt in die Ferne, tut nichts. Sobald sich die Erde
verschließt, wird sie handeln. Gebet an das Speichern
von Daten in Zellen, ihr Wachstum nach innen. Licht
überträgt Wärme. Wärme überträgt Enge. Paläste zerbröseln

wie Kreide. Sie kostet den Honig. Spannt ihre Zunge an,
schluckt ihn hinunter. Die Ferne verschwimmt mit dem
Himmel. Insekten rufen mit Stimme der Mutter. Noch nie
hat der Honig so deutlich nach Abschied geschmeckt.

TAG 8

> Manche dürfen einen Traum träumen, andere zwei.
> Vollkommen egal. Ihnen erscheint doch dasselbe.
> Ein Dachstuhl, die Hitze des Sommers, träge Hände,
> die Spinnweben wegfegen von der Handfläche des Winds.
>
> A. Dragomoschenko / Y. Breyger

Sie träumt diesen Traum wie ein Hund. Immer wieder
von vorn. Doch der Traum ist für morgen bestimmt,
daher lebt sie sich nun einen Tag hinterher. Sie träumt
sich hinein in den Hof, durch das Tor, bis zur Tür,

geht ins Haus. Und wacht auf. Sie träumt das von vorn
wie ein Hund. Immer wieder den Weg durch das Tor
bis zur Tür in den Hof diesem Tag hinterher, wie
ein schwanzloses Tier. Dieser Hund will nicht gehn,

sitzt im Weg. Er bewacht sie, als wär sie sein Schatz.
Schwarzer Hund, will sie sagen, wach auf. Doch ist's sie,
die da schläft, die von Neuem sich träumt in den Hof
durch das dreckige Tor. Ein verlorener Tag. Sie spaziert

in das Haus, das nach Hund riecht, vertraut. Sieht
sich sitzen zu Tisch, sieht sich schnitzen das Zeichen
des Abschieds hinein mit verschwommenem Blick.
Eine Acht. So ein seltsamer Tag. Sie wacht auf,

geht hinaus in den Hof, schaut sich um. Und erblickt
über sich den Komet, der im Himmel seit Jahren
nicht aufhört zu leuchten. Er umkreist ihren Kopf
und er bohrt sich durch Glieder ins Mark, bis sie bellt.

KÖNIGREICH DES WEITEN WEGS

Du hast sie gekannt. Sie war still, hat Gebirge verschluckt
mit dem Blick. Wie Wasserlilien im Dunkeln dich streifen,
sich in Portale verwandeln zu Ängsten, hat sie dich berührt.
Wie ein Punkt, ein gesprochenes Wort, gehört sie zu dir.

Wissen ist nutzlos, Richtung formlos. Strecke, Dauer
bestimmen die Form. Das Alter der Erde ist klein. Sie sagte,
die Zählung beginnt mit dem ersten Gesang einer Kröte.
Bewegung verdankt ihren Namen dem Weg. Noch vor Gott

verkündet ein Schnitt die Geburten, hast du gelernt.
Du hältst deinen Kopf unter Wasser. In deinem Gesicht
liest ein Fisch die Brechung des Lichts und schwimmt fort.
Im Fisch ist ein Zimmer, das du nie verlässt. Eine Tür

in das Reich, das sich öffnet wie Blättchen dem Frühling.
Es ist kalt. Sie umkreist deinen Kopf als Trabant.
Kehrt im Kreisen zum Anfang zurück, ins Gestrüpp,
zu dem Bau, der aus Grüßen besteht. Bis sie geht.

Um zu wandern durchs Tal, zu durchstreifen die Luft,
diesem Duft hinterher auf dem Rücken der Vögel, der dich
so betört. Sie zieht aus mit verschlossener Lunge, offenem
Mund auf der Suche nach Holz für ein Nest. Weil sie fliegt,

ist sie schwer. Dieser fremde Moment, wenn du wach wirst
im Traum als ein Strich und der Traum dir gehorcht,
eine Inschrift sich fügt in das Bild ihrer offenen Hand,
sich erschöpft in der Frage – Wo warst du bei deiner Geburt?

dann machste dir ne liste
mit was einfällt
und noch standhält
denn das biste

Michael Lentz

Erfinden

ERFINDEN

ich sammle gerne spitze steine
sie passen nicht in meine schüssel
wenn ich sie ohne seife wasche
behalten sie den schönen schimmer
ich trage sie an fremde betten
damit sie nicht in meinem liegen

verrückt wie hell der himmel leuchtet

ich trage eine kleine feder
vom rücken eines dunklen vogels
sie lässt mich mit den händen spüren
was menschen mir nicht sagen mögen
an kalten tagen will ich wissen
wo dunkle vögel überwintern

mein kopf folgt seltsamen gesetzen

ich habe eine liebe mutter
sie lässt mich bei den steinen schlafen
verrate ich ihr meinen namen
erklärt sie mir die sonnenwende
am abend zähle ich die sterne
die mich an ihr gesicht erinnern

ich fürchte mich vor jedem anfang

im garten wachsen dicke kröten
mit blauen aufgeblähten köpfen
sie biegen sich in eine richtung
versammeln blütenstaub zu inseln
wenn ich an meine kindheit denke
will ich sie ohne scham bewundern

was weiß ich von der winterkälte

mein herz ist eine sammelurne
für blicke panischer insekten
bevor ich meine augen öffne
verwandeln sie sich in patronen
ich möchte mich an sie erinnern
wie steine an die spur von wasser

ich sitze auf dem küchenboden

am fenster perlen blinde fliegen
verkünden mir die frohe botschaft
vom bett aus sehe ich sie grinsen
zu salz erstarren an den rändern
der himmel droht mit donnermaske
wie kann ich jemals wieder träumen

im himmel thront die donnermaske

Nachsicht, Ente!

NACHSICHT, ENTE!

Ein liebes Gesicht zu schminken im Geiste der Forschung.

Mit einer Pipette?

Ein abwartendes, ungeliebtes Entengesicht.

Es bewegt sich in den Blickwinkel und rodet eine Frage.

Und rodet vornehm den Zweifel vom Vortag.

Und rodet achtsam den Streitgrund von morgen.

Und rodet die Büsche im Garten, wen willst du täuschen.

Es rodet.

Du und das Gesicht seid einander genug.

Macht es den Schnabel auf, pfeifst du.

Es trauert mit dir um die Kindheit der Wälder, selbst wenn du aus Stein bist.

Es spricht deine Sprache, das Altern.

Wie albern.

Nicht im Nehmen liegt die Kunst, sondern im Begraben.

Nicht im Stinken wie höriger Abfall, sondern im Verweilen im Abfall
als glitzernde Auster.

Oh, du Mensch, du kleiner Frosch!

Liegen dir heimtückische Ausfallschritte wirklich mehr als Tiefflüge unter
den Nadelbäumen?

Wiegen Krimis, Babys und Messer mehr als Gequake?

„Lass mich nu endlich deine Füße küssen."

Endlich deine Magnesiumfackel unter Wasser, dein dummes Attribut, dein anhänglicher Konsens, deine kaputte Brücke, lass mich Perle, Pudel sein, lass meine Trübsal rein und fädle sie ein.

„Ich werde deine Füßchen jetzt küssen."

Im Ölfeld warten inmitten von Fallen.

Begrabe den Abfall, damit wir ihn teilen.

Die Kunst riecht den Braten wider Willen.

Werden die Autoren sich besinnen, ihre Nägel schneiden und die Hände waschen?

Etwa ihre Bärte trimmen wie ne Horde durchgelutschte Bonbons?

Sicher, denn sie wollen sanft berühren.

Wie Teilchensplitter nach der Spaltung von Atomen, spüren sie die schönen Dinge, beten aber zur Form.

Ihr Verhängnis blinzelt sie noch aus der hellsten Wolke an.

Die Autorinnen hingegen kommen nicht so leicht davon.

Aus einer Birne dreht man ihnen den Apfel und zeigt auf die Farbe.

Dabei essen Menschen bekanntlich in Phasen –

Mal dies, mal nicht.

Nachsicht, Ente!

Du trittst nicht etwa auf den Schnabel, träge Rede?

Walte im Stillen, wo frisierte Tage laichen.

Brüte sanft in einer Klage und imitiere ihr Herzstück –

Das Belächeln des ruhenden Blicks.

Und diesen Trick –

Wasser verdrängen beim Schwimmen, ganz einfach.

Sieben Mäntel auf meinen Schultern, ohne mich zu schmücken.

Zwischen Belastbarkeit, Sänfte, über den Augenrand, weiter –

Auf keinen Fall.

Blütenorgane in eine Richtung verführt, hygienische Wut auf – vergessen, worauf – sein gelassen.

Leere Dusche, kalte Fliesen, wieder am Anfang als Tier.

Ist das üblich oder fürchterlich?

Ist's das gewesen?

Jeder will die Frage stellen?

Möchte ich ein Nest für diese Frage bauen?

Möchte ich das Nest behalten?

Soll es Schiffchen in Häfen geleiten?

Verkrümmte Rücken grade streicheln, sich in eine schlummernde Rüstung verwandeln?

Jeder darf so schwach sein, wie er möchte?

Längerer Arm pendelt an kürzerem Körper.

Ich pelle ein Ei mit der Nase.

Trennlinie zwischen Klima der Seele und Wetter der Empfindung.

Von Ozon lernen, durchlässig zu sein.

Schweigen im Moment von Zugewandtheit?

Von Osmose überrascht werden.

„Ich werde dich pflegen wie einen Zapfen, solange du dich am Baum hältst."

Die Masche der Enteignung ist die Bekanntgabe von Besitz.

Ohne Besitz kein Fremdsein.

In den Bäumen schlummern Muskeln und hoffen auf Fotosynthese –

Sie wollen Arbeit verrichten.

Sie wollen durch Schwitzen zu Sediment degradieren.

Maßloses Schämen, mich fröstelt.

Bitte?

Ich wollte kaputt gehn.

Zwölf Esel und die Zinsbibel

ZWÖLF ESEL UND DIE ZINSBIBEL

1.

Selig sind die Unheiligen, die Katzen und ihre Gebieter.

Ich sehe sie im Park beim Knabbern an ihren menschlichen Hüllen, als wäre der Tag ihr Feind.

Es ist ein riesiges Warten.

Die Blätter verpfeifen die Zweige bei der ersten Gelegenheit, die Zweige verpfeifen die Blätter.

Selig sind die Bäume, verdammt und lieb.

Wohin zieht es die Zweige?

Wie präzise ist der Wind, der uns beobachtet?

Früher machte ich mir Gedanken, bis mir die Nase aufquoll.

Ich betete.

Ich setzte mich hin und nahm mit den Handflächen Kontakt zur Erde auf.

Die Erde murmelte, wie auch ich murmelte.

Die Erde gurgelte mit Pestiziden und Würmern.

„Spül's runter!", sagte ich und sie spülte.

Aber wohin mit den Treibgasen?

Wohin mit den geliebten Autos?

Ich erhob mich vom Boden wie eine ägyptische Katze, träge und grazil.

Der Wind pfiff ein Lied über das Verstummen.

„Greif zu, lieber Wanderer, greif zu …“

Zwölf Esel trabten durch meine Gedanken, mein Habitat.

Zwölf Paar Ohren, zu freundlich, auf sie wütend zu sein.

Hinsetzen, aufstehen, hinsetzen, aufstehen, tasten.

Das Momentum kippte im schlechten Sinn ins Politische.

„Uns“ löste sich auf in u n s.

Die Tage hatten Saugnäpfe an den Flossen und keine Scheu zu saugen.

Es lief aus dem Ruder.

Nun wissen wir von der unheiligen Zeit, reden von ihr, als wäre sie winzig, eine Monade, halb Mensch, halb Mond.

Doch auch heute fahren Motorboote von einer griechischen Insel zur nächsten und transportieren Tabak.

Auch heute verwechseln wir das Kleine mit dem Konkreten.

Am Pier sitzt eine Seefrau mit Seefrauenmütze, zieht ein Streichholz aus der Schachtel und bricht es in zwei Teile.

Oh Kugelgelenke der Natur, beschützt sie mit eurem Drehen!

Selig sind die Kasteiten, die müden Arbeiter, die ausgeheulten Augen der Männer.

Was bietet ihnen der New Way?

Kerzengerade treibt mein Schatten durchs Mittelmeer.

Ich habe verdammte Angst.

Blöd, wie die dümmsten Hunde, sehne ich mich nach Nettigkeit.

Es ist mein Inneres, das mich sprechen lässt –

Mit den Augen der Sprache sieht jede Pflanze aus wie eine Wimper.

Begießt man sie mit einem Gedicht, wird nichts geschehen ▫ ▫ ▫

2.

Leise sind die Seligen, heilig und konkret.

Mies in Krisen, schauen sie von links nach rechts und überqueren die Straße.

Die Kindheitsstraße?

Ja.

Die Zuversichtsstraße?

Ja –

„Leis, mein Kind, dein Zögern ist unsere Börse."

Selig sind die Befleckten, die Knutschflecken, Fettflecken und die Blutflecken, triefende Flecken der Bedeutungslosigkeit, süße Flecken des Kursverfalls, rosig, magentafarben, matschig.

Wie klein sind ihre Radien?

Wie löchrig ihre Argumente?

Sie trennen gutes Plastik von schlechtem, ohne den Sinn von Verlusten zu begreifen.

Wer sich aufrichtet, wurde verlassen.

Wer seine Fingerkuppen in Lauge einweicht, wurde verlassen.

Aber ist das schlimm?

Nicht wirklich.

Ich fiel während unruhiger Träume aus dem Bett.

Im Traum sah ich meine Mutter.

Sie hatte einen Pferdekopf und wieherte die Eulersche Zahl, das Periodensystem, die universelle Formel für Wolfsgeheul.

Alles half nichts, ich liebte sie und damit mich.

Ich fiel auf den Bauch wie ein Lurch.

Das Bett verhielt sich wie ein Freund, half auf.

Bett oder Gebet?

Bett UND Gebet.

Leise sind die Zeiten.

Heilig die Naturburschen, wenn sie Bananenstauden mit fröhlichen Blicken überziehen.

Doch wo Stamm, da Rundung.

Wo Rinde, da Winde, also Frauen.

Und wovon haben die Frauen genug?

Vom Kreisen.

Leise sind die armen Konkreten, wem sollen sie huldigen?

Leise sind die Kranken, die Abrasierten und die Knarren.

Eine Aktie richtet den Lauf der Dinge auf eine zweite ...

Runde Äpfel, Agenten im Paradies.

Agenten der Traurigkeit, Agenten des Mittelstands.

Wellen von Währung schwemmen an unsere Küsten.

Wer will sie waschen?

Abgetrennt vom Zweig sind sie wertlos.

„Stoofff, gib mir Stoofff."

„Von Erbe zu Rebe, von Urne zu Rune." –

Beim Sprechen verhalten sich Vokale wie vergessene Bekannte, springen an die Glottis und bleiben kleben.

Konsonanten klammern sich an die Inhalte ...

4.

Inhaltliche Blender blendender Inhalte!

Hunde!

Tragetaschen des Wahns!

Ihr werdet mich im Gebüsch finden, wenn ich vor Aufmerksamkeit triefe, aber die Aufmerksamkeit wird sich gegen euch richten, in die Bäuche der Neider.

Selig sind die Neider, klein und gespenstisch.

Liegen im Bett mit der Sprache und verstecken ihre Erektion.

IHR bist Du.

Du, Wanderer, deck mich zu mit Schmerz, Ablaut und Morphem.

„Chhh", werde ich röcheln, „Tghh", „Fmtm", und dich mit meinen Dinosaurieraugen anflehen weiterzuziehen.

Aber hör nicht hin, ich bin schwach –

Lasse den Herd an, aber habe keine Küche, sonne mich im Schatten und werde dabei braun, schreibe im öffentlichen Chatroom mit meinen Eltern.

Sie sitzen neben mir auf dem Sofa und schütteln den Kopf, weil ich sage, ich sei Waisenkind.

Siehst du?

Es lohnt sich, mich gegen den Spind zu schubsen und mein Essensgeld zu klauen.

Niemals werde ich über dich ein schlechtes Wort verlieren.

Die Seligen sind heilig und echt.

Unecht die Schlechten, wenn sie sich als Trabanten von Chatverläufen aufspielen.

Die Guten senken die Zinsen, die Schlechten kontrollieren die Chats.

Die Zinsen?

Sie zahlen sich ein auf unser Konto neben das zusammengeklaute Essensgeld und vermischen sich zu einem zugewandten Gesicht, dem meinen.

Ich bin dein Zwischenaggregat, ein Fliegenpilz auf Chlorophyll, die letzte Hypothek des abgebrannten Schuppens, die dich nicht schlafen lässt.

Nicht schlafen lässt?

Nicht schlafen lässt ...

5.

Täglich putzen Kaimane ihre Schuppen im Matschwasser von Ceylon.

Die Rattenfischer im Schwemmland des Tonlé-Sap-Sees kauen ihre Fingernägel vollständig ab.

„Dein Hammelgesicht ist sanft wie ein Morgen."

„Dein größeres Auge sieht aus wie ein Zahn."

Ein russisches Touristenpaar isst rohes Murmeltier in der Mongolei, um die Abwehrkräfte zu stärken, und hinterlässt vier Kinder.

Was weiß die Beulenpest von der Giftigkeit des Asbests?

Ich opfere meinen linken Meniskus für die Heilkräuterforschung, weil ich verliebt bin.

Was gibt mir die Liebe zurück?

Einen schwarzen Schuh, eine Vogelpfeife, einen Unterrock ...

Ich denke mit Freude an Nonnen, mit Wehmut an meine Gelenke, mit Erleichterung an putzige Streuner in verwaisten Bibliotheken.

Fakt ist, all jenes ist Vergangenheit.

Die Natur nutzt Menschen als Blumenkübel, die Raffinerien schöpfen Alimente.

Scharen von unbezahlten Kindern streifen durch ausgetrocknete Flussbetten auf der Suche nach Kandis.

Mitnichten arbeiten Steuerämter an der Abschaffung der Gesetze, mitnichten fügt sich die aussortierte Dichtung zu einem Mosaik der Gesellschaft.

Es gibt keine Würdenträger und keine anderen Redner.

Nur die Frauen widersetzen sich dem Markt, indem sie die Gewerke aufgeben und Frontlinien bewachen.

Doch wer kämpft?

Etwa ich, im ulkigen Sommerpyjama, mit Kirschlolly in der Hand?

Die Gesamtheit der Fertigprodukte?

Sicher nicht.

Und, überhaupt, gegen wen?

Woher weht die matschige Bestimmtheit, die die Erde mit eingelösten Versprechen vergiftet?

Was transportieren Pheromone, außer Erinnerung an Fruchtbarkeit?

Matschig und klug sind die Nonnen, arm und phantastisch.

Ihre Gewänder zeugen von Verständnis für das Kleine.

Von Kloster zu Kloster ziehen die Götzen, die Demütiger, die Vergewaltiger, um sich an ihrer Aura zu laben.

Arme Nonnen des Widerstands, kleine Nonnen des Sachverhalts, kluge Nonnen der Feinheit und der Stärke.

Sie pflücken die Begierden im Vorbeigehen ...

7.

Siebenäugiger Frieden – Kätzchen mit verschlüsseltem Fell – nichts kann dich brechen.

Über Monate wach gewesen, aufgeschrieben, welche Pheromone durch welche Zusatzstoffe ersetzbar sind.

Chinolingelber Morgen, alluraroter Abend, brillantschwarze Nacht.

Die Erde im Zeitalter des Tartrazins, der Mensch im Zeitalter der Borsäure.

Überlebende von Schiffsunglücken erinnern sich zuerst an die Augenfarbe ihrer Mutter – weiß?

8.

Die Seelen der Abteilungsleiter sind weit und rissig.

Wenn sie den Limbus verlassen, bitten sie um eine warme Mahlzeit.

„Die Luft ist mir gesonnen, solange die Befindlichkeiten konkrete Maßnahmen einfordern, wie Halten von Stiften, Löchern von Akten – Verstauen von Anmut im Loch."

Kluge Abteilungen, in denen ich meine Tage friste.

Zündholz.

Ich erinnere mich an Momente, als meine Gedanken wie quirlige Biber den Eigensinn zerstörten und dabei dachten, sie erschüfen Konstrukte von Fröhlichkeit, Dauer.

Nichts wird geschehen, solange ich glaube, im Beruf zu sein.

„Zlohdnüz!" – ab hier beginnt es.

Triebe erodieren die Biberbauten im paradiesischen Schatten der Erkenntnis.

Vage bedeckt die Erkenntnis des Schattens im Gegenzug meine Hände.

„Mit schwarzen Djinngefäßen bewaffnet, geschaffen aus Magoi, stehen die Kommandeure von Rein der Armee von Magnusstadt gegenüber."

Weit und welthaltig wie tausendjährige Farne entschwinden die Seelen aus den Körpern der Abteilungsleiter in eine grüne Blumenvase.

Wo kann ich sein?

Wie diese Vase halten?

Poliopollen, Polioproleten, Poliogleichungen.

Eine Masse aus Bakterien, Prothesen und Impfungen strömt in die Täler, artikuliert sich im Greifen nach dem Abnormen.

Früher schimpften die Sportlehrer mit den Ungeimpften, heute übertragen ihre Schuhe Krankheiten.

Die Lehrerinnen wissen um die Substanz der Gemische und verpuppen sich unwiderruflich.

Stechende Weltdüfte launischer Viren, ausgestorbene Rassen von Brutvögeln, die Seelen von allen zerstäubten Nierensteinen sammeln sich in der Atmosphäre und regnen hernieder auf die Impfgegner in kristalliner Klarheit.

Ich binde mir die Schnürsenkel mit einer Gabel und falle auf den Hintern.

Richtig ist, den Gesunden ihre Blödheit vorzuführen –

Die Protisten strecken ihre Filopodien nach gebundenen Objekten, auf einer Insel vor Brasilien setzt sich der letzte Kranich einen Hut auf.

Wieder wollen die Gesunden ihren Teil vom Glückskuchen und sind zu blöd zum Gabeln.

Die Erde fragt: „Wollt ihr die Summe der Empfindungen oder halbherzig in der Suppe stochern, als wärt ihr erwachsen?“

„Nein“, sagen wir, „unser Körper ist teilbar. Wir schmecken und wir lieben.“

Matt sind die Liebenden . . .

10.

Seismografische Weite, kurze Nacht.

Die Drastik einer unangebrachten Bewegung des Weltrückens bei Kerzenschein.

Lavaerleuchtete Wiese am Abend, habe ich sie lang genug betrachtet, um ihre Gesichtszüge blind wiederzugeben?

Aufzuzeichnen ...

Muttergeist beim Abendmahl

MUTTERGEIST BEIM ABENDMAHL

Offen spricht dein Seelentier,
menschlich seine Augenzahl.
Mitten durch die Zellmembran
küsst sich ein geheimer Wind,

trittst du in mein Leben ein.

Wer mir dein Geheimnis nennt,
wird mit Liebe ausradiert.
Sieben freie Jahre lang,
dumme kurze Tage lang

achtsam sein als Todesgott.

Jemand hat dich Hund genannt,
willst du sein Zertreter sein?
Biete mich als Opfer an,
manchmal ist es kalt mit mir,

trügerisch wie Sommerschnee.

Grüße mir das Augenlicht!
Schaue mit dem Nachtgesicht.
Wilde Beeren in der Hand,
giftig für mein Hundeherz,

ungefährlich für den Schwarm.

Lieber krank als ausgehöhlt,
schmeichelhaft wie Pollenflug
fällt ein Blütenblatt ins Gras,
steckt das Grün mit Abschied an.

Lagst du brav im Kinderbett?

Wach, weil Schlaf für Dumme ist,
niemals ohne Hochzeitskleid
gütig über Holz geklopft,
weil ich dich nicht teilen kann.

Wasser, das bemuttert wird.

Schichten tierischen Verfalls,
winterlicher Zitteraal,
Osten deiner Nixenhand,
kotverschmierter Muttergeist,

vaterträg beim Abendmahl.

Schmiege dich an Flüsse an,
reibe, bis du Flecken siehst
weiter süßer Morgenmensch,
finde mich im Datenmüll

zwischen Wut und Spiegelschrift.

MIT SIEBEN AUGEN AUFGEWACHT UND KEINES SIEHT

Ich sitz im Bett wie ein Magnet. Ich falte mich wie Rinde im Familienstamm,
er fällt auf mich zurück als Großorkan, als Sultan einer Ortschaft
an der Autobahn. Das Leben hat gelernt, mich zu berühren.
Es widerspricht dem Streben nach Verlusten, indem es mir
Gesellschaft leistet. Wenn ich allein bin, lieb ich meine Eltern.
Die Wege meiner Eltern sind ergründlich, sie führen über Deutschland
auf Touristeninseln – ich seh sie vor mir, wie sie Tennis spielen.
In kurzen Hosen lässt sich über vieles reden, doch manche Dinge
bleiben fern von nackten Waden, verschließen sich für mutige Gespräche.

Mein Mädchen schläft als Fledermaus in einer Hängematte, ich liebe sie,
weil sie kopfüber aussieht wie ein Kranich. Wie bei allen Tieren –
ein Edelmut in ihrem Wesen, der mir nicht inne liegt, sich mir entwindet.
Wann tragen Apfelbäume ihre Frucht im Winter? Ist Winter dann,
wenn ich mit Händen höre, wie die Erde kalt wird? Sind meine Hände
träge, meine Zukunft? Ich wische Ängste weg mit einer kleinen Geste
hinter einem fremden Rücken. Von Feinheit habe ich als Kind
zu viel verstanden, jetzt kann ich sie erleben, ohne sie zu teilen.
Erwachsenwerden ist den Groben vorbehalten.

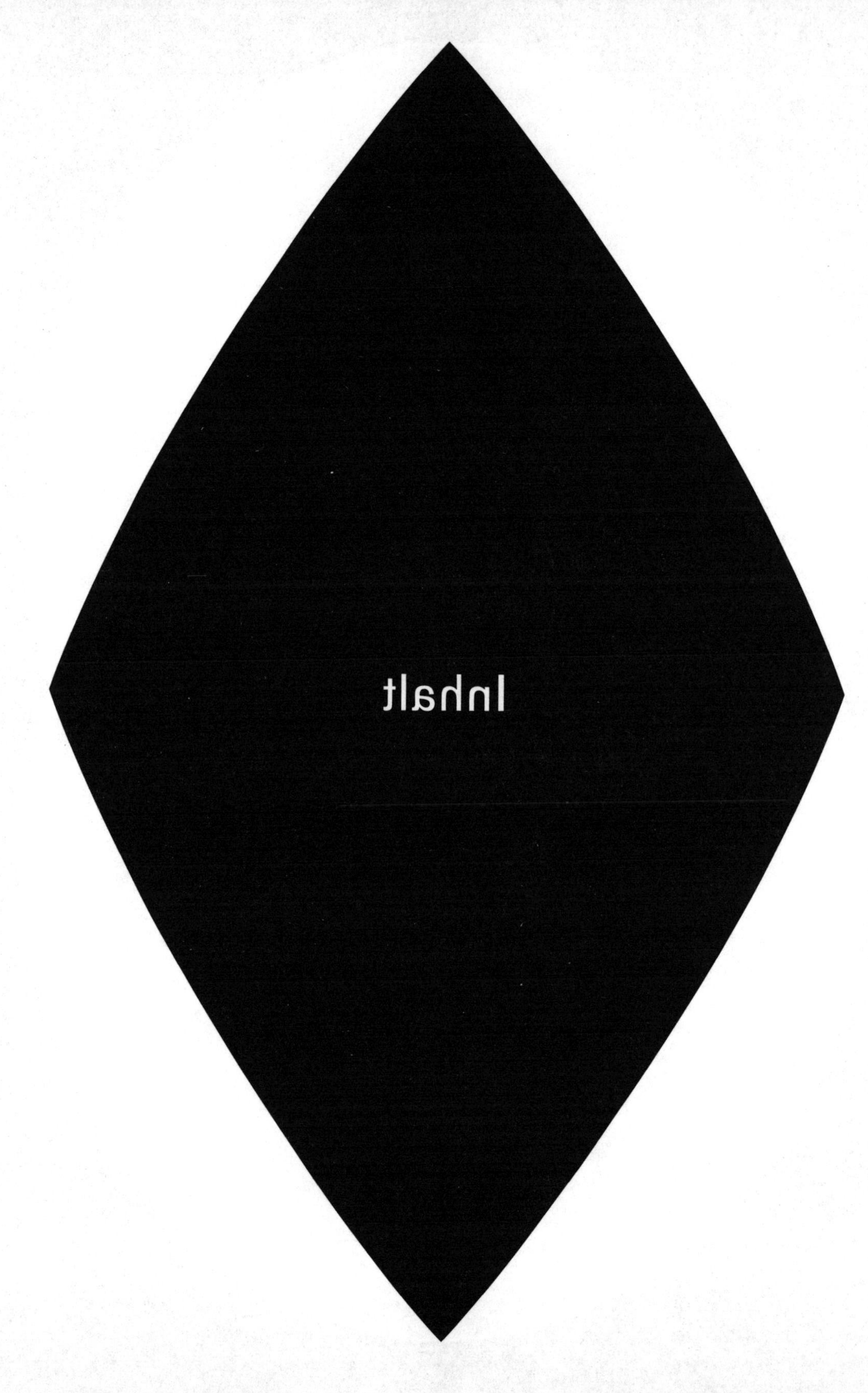
Inhalt

3—8

9—20

21—28

29—38

39—56

57—62

65

Foto: © Gabriela Cuzepan

Die Arbeit des Autors am vorliegenden Buch wurde vom Deutschen Literaturfonds e. V. gefördert.

Yevgeniy Breyger, geboren 1989, studierte an der Universität Hildesheim, am Deutschen Literaturinstitut Leipzig und an der Hochschule für Bildende Künste, Städelschule, Frankfurt am Main. Breygers Debütband *flüchtige monde* erschien 2016 bei kookbooks und wurde unter die besten Debüts des Jahres im Haus für Poesie und unter die Gedichtbände des Jahres im Literaturhaus Berlin ausgewählt. 2018 erhielt er den 2. Preis beim Lyrikpreis München, 2019 gewann er den Leonce-und-Lena-Preis der Stadt Darmstadt. 2019 erhielt er zudem ein Werkstipendium des Deutschen Literaturfonds und 2020 Aufenthaltsstipendien im Stuttgarter Schriftstellerhaus sowie im Herrenhaus Edenkoben. Breyger lebt und arbeitet in Frankfurt am Main. Er ist Mitglied des Dichter*innenkollektivs *Salon Fluchtentier*.

978-3-937445- KOOKBOOKS REIHE LYRIK

00-7 Daniel Falb **die räumung dieser parks**
03-8 Steffen Popp **Wie Alpen**
04-5 Ron Winkler **vereinzelt Passanten**
14-4 Gerhard Falkner **Gegensprechstadt – ground zero** + CD Music by David Moss
16-8 Uljana Wolf **kochanie ich habe brot gekauft**
18-2 Hendrik Jackson **Dunkelströme**
22-9 Tom Schulz **Vergeuden, den Tag**
23-6 Monika Rinck **zum fernbleiben der umarmung**
27-4 Christian Schloyer **spiel • ur • meere**
29-8 Sabine Scho **Album**
30-4 Christian Hawkey **Reisen in Ziegengeschwindigkeit**
34-2 Sabine Scho **farben**
35-9 Steffen Popp **Kolonie Zur Sonne**
37-3 Monika Rinck **Helle Verwirrung & Rincks Ding- und Tierleben**
38-0 Uljana Wolf **falsche freunde**
39-7 Daniel Falb **BANCOR**
41-0 Martina Hefter **Nach den Diskotheken**
42-7 Matthea Harvey **Du kennst das auch**
43-4 Alexej Parschtschikow **Erdöl**
44-1 Alexander Gumz **ausrücken mit modellen**
45-8 Mathias Traxler **You're welcome**
46-5 Daniela Seel **ich kann diese stelle nicht wiederfinden**
47-2 Michael Palmer **Gegenschein**
49-6 Monika Rinck **Honigprotokolle**
50-2 Dagmara Kraus **kummerang**
51-9 Gerhard Falkner **Pergamon Poems** + DVD 5 Gedicht-Clips von C. Lieb & F. v. Boehm
52-6 Hendrik Jackson **Im Licht der Prophezeiungen**
53-3 Christian Hawkey / Uljana Wolf **SONNE FROM ORT**
54-0 Steffen Popp **Dickicht mit Reden und Augen**
55-7 Martina Hefter **Vom Gehen und Stehen. Ein Handbuch**
56-4 Tristan Marquardt **das amortisiert sich nicht**
57-1 Uljana Wolf **meine schönste lengevitch**
60-1 Ulf Stolterfoht **neu-jerusalem**
61-8 Katharina Schultens **gorgos portfolio**
62-5 Karla Reimert **Picknick mit schwarzen Bienen**
63-2 Farhad Showghi **In verbrachter Zeit**
65-6 Rike Scheffler **der rest ist resonanz**
66-3 Linus Westheuser **oh schwerkraft**
67-0 Rozalie Hirs **gestammelte werke**
69-4 Sonja vom Brocke **Venice singt**
70-0 Dagmara Kraus **das vogelmot schlich mit geknickter schnute** zweiundzwanzig elfzeiler
71-7 Daniel Falb **CEK**
72-4 Christian Filips / Monika Rinck / Franz Tröger **Lieder für die letzte Runde** CD
73-1 Daniela Seel **was weißt du schon von prärie**
75-5 **mehr als pullover borgen** Anthologie Finnisch–Deutsch
77-9 Martina Hefter **Ungeheuer.** Stücke / Gedichte
78-6 Yevgeniy Breyger **flüchtige monde**
81-6 Birgit Kreipe **SOMA**
80-9 Anja Bayer, Daniela Seel (Hg.) **Lyrik im Anthropozän** Anthologie
82-3 Cia Rinne **zaroum / notes for soloists / l'usage du mot**
83-0 Eugene Ostashevsky **Der Pirat, der von Pi den Wert nicht kennt**
84-7 Steffen Popp **118**
85-4 Mette Moestrup **Stirb, Lüge, stirb**
86-1 Alexander Gumz **barbaren erwarten**
87-8 Farhad Showghi **Wolkenflug spielt Zerreißprobe**
88-5 Katharina Schultens **untoter Schwan**
90-8 Martina Hefter **Es könnte auch schön werden** Gedichte/Sprechtexte
91-5 Hendrik Jackson **Panikraum**
92-2 Susanne Schulte, Daniela Seel (Hg.) **Sibyllen & Propheten Triggerpunkte tom Ring**
93-9 Ulf Stolterfoht **fachsprachen XXXVII – XLV**
94-6 Christiane Heidrich **Spliss**
95-3 Tristan Marquardt **scrollen in tiefsee**
96-0 Monika Rinck **Alle Türen**
97-7 Georg Leß **die Hohlhandmusikalität**
98-4 Daniel Falb **Orchidee und Technofossil**
99-1 Athena Farrokhzad **Bleiweiß**

978-3-948336-

00-4 Charlotte Warsen **Plage**
01-1 Dagmara Kraus **liedvoll, deutschyzno**
04-2 Verena Stauffer **Ousia**
05-9 Ulf Stolterfoht **fachsprachen XLVI–LIV**
06-6 Sonja vom Brocke **Mush**
08-0 Yevgeniy Breyger **Gestohlene Luft**
09-7 Karla Reimert **Camp Zenith**

Reihe Lyrik Band 73 | 2. Auflage 2021,
Gestaltung: Andreas Töpfer | Gesetzt aus der Portrait und der Akzidenz Grotesk Next
Druck & Bindung: Livonia Print, Riga | Printed in Latvia | 978-3-948336-08-0